Género Ficción realista

I0799057

Pregunta esencial

¿Cómo expresas algo que es importante para ti?

Cuéntame las historias viejas, viejas

Marie Langley

ilustrado por Amerigo Pinelli

Capítulo 1

Aquí vamos de nuevo

—¿Manuel? —mamá comenzó a llamar tan pronto colgó el teléfono—. ¡Manuel! ¿Dónde estás?

Su madre apareció en la puerta.

—¿Qué pasa, mamá? —preguntó Manuel, siguiéndola hasta la cocina.

Mamá comenzó a buscar en las alacenas.

—Era la abuela por teléfono —dijo sonriéndole a Manuel sobre su hombro—. Iremos a su casa el domingo.

—¿Por qué? ¿Qué ocurre?

Manuel se sentó a la mesa de la cocina. De pronto sintió un vacío en el estómago.

—Tu tío Pablo está en la ciudad y la familia se reunirá en casa de la abuela para celebrarlo y ponernos al día. ¿No es grandioso?

Mamá estaba ocupada poniendo los ingredientes sobre la mesa.

—Para la fiesta, voy a preparar mi torta especial de almendras y naranja.

—Genial —dijo Manuel, pero no era en eso que pensaba.

Manuel observaba a su mamá que buscaba la receta especial. Mientras buscaba, continuó hablando de quién estaría allí el domingo.

—Antonio y Elma vienen seguro y sus hijos también. Aunque no he sabido nada de Tomás, seguro que irá. ¡Ah, y debo asegurarme de que Gabriela se entere!

Rápidamente mamá se limpió las manos en el delantal y tomó el teléfono.

Manuel la escuchó contarle a Gabriela sobre el domingo, y le decía lo que debía llevar y quiénes estarían allí. Sin embargo, los pensamientos de Manuel estaban en otra parte. Claro que estas reuniones familiares eran divertidas. Bueno, solían serlo, pero desde más o menos el último año, se había empezado a aburrir de ellas. Además, esta reunión del domingo significaba perderse el juego de béisbol con sus amigos.

"Desearía no tener que ir", pensó Manuel, pero no le dijo nada a mamá. ¿Cómo podría decirle esto si ella estaba tan emocionada de ver a toda su familia? Se obligó a devolverle la sonrisa a mamá cuando regresó a verificar los ingredientes.

—¿Está bien si uso el teléfono, mamá? —preguntó Manuel levantándose de la mesa—. Necesito llamar a Vicente para decirle que no iré a jugar al béisbol el domingo.

—Claro, hazlo —dijo mamá.

Entre tanto, su mente estaba en la preparación de la torta y en lo que necesitaba para la fiesta.

Manuel tomó el teléfono y llamó a Vicente mientras caminaba hacia su alcoba. Para cuando entró y cerró la puerta, Vicente había contestado.

—¡Hola! —dijo Vicente—. ¿Cómo va todo? ¿Estás listo para el juego de béisbol del domingo?

—No, por eso llamo —dijo Manuel—, no puedo ir esta semana porque tengo una reunión familiar en casa de mi abuela.

—Eso suena genial —contestó Vicente.

—¡Estás bromeando! —se burló Manuel—. Lo que todos hacen en estas reuniones familiares es contar las mismas historias viejas una y otra vez. Y luego empiezan a ver fotografías viejas. Prefiero hacer cualquier otra cosa. En serio, solo voy porque mamá se disgustaría si digo que no quiero ir.

—Bueno, pienso que suena genial —dijo Vicente—, y es posible que sea mejor de lo que crees. Hablamos luego.

—Bueno, nos vemos —contestó Manuel, quien estaba ligeramente intrigado. ¿En realidad a Vicente le parecía que la fiesta era genial? Tal vez solo estaba siendo sarcástico.

AHORA COMPRUEBA

¿Por qué no quería Manuel ir a la reunión familiar?

Capítulo 2
Lo mismo, pero diferente

—¡Ah! ¡Qué bueno verte!

La abuela envolvió a Manuel y a mamá en abrazos. "Tiene brazos muy fuertes para ser una mujer tan pequeña", pensó Manuel. Con un brazo la abrazó y con el otro hizo malabares con la torta.

—También me alegra verte, abuela —le dijo Manuel.

La abuela apuró a Manuel y a su madre a que entraran a la casa.

—La mayoría de la familia ya está aquí. Salgan al jardín —les dijo, y, mientras salían, se oían cada vez más voces.

El tío Pablo estaba allí al igual que muchos otros miembros de la familia. Manuel puso la torta de mamá sobre la mesa que estaba repleta de comida. La abuela siempre decía que preparar y compartir la comida era una expresión de amor en su familia y que ¡ellos tenían toneladas de ambos!

Manuel quería estar con algunos de sus primos, pero llegar hasta ellos no iba a ser fácil. Primero, el tío Pablo puso un brazo en el hombro de Manuel y le dijo que se sorprendía de ver cuánto había crecido. Luego, la tía Carlota le dio un gran beso en la mejilla y le dijo que cada día se parecía más a su abuelo.

Llegaron más miembros de la familia. Manuel sentía como si estuviese dentro de una lavadora. Lo lanzaban de una persona a otra y de un abrazo a otro, y casi cae de bruces. Voces y risas se desbordaron a su alrededor. Las reuniones familiares siempre eran así, sobre todo cuando todos habían llegado.

Un rato después, la abuela aplaudió.

—¡A comer! —gritó—. ¡Vengan a servirse antes de que esta mesa colapse bajo el peso de tanta comida!

Pronto, cada uno había encontrado un lugar para sentarse. Equilibraban sus platos repletos sobre las rodillas o los ponían en el borde de la mesa. La conversación y las risas pararon cuando la atención se centró en la comida.

Detective del lenguaje	**Busca un verbo en modo subjuntivo en esta página.**

—No has comido mis muslos de pollo, Pablo —dijo Gabriela—. ¿Por qué?

Hubo una explosión de risas.

—Creo que sabes por qué —contestó Pablo con una risita. Manuel sabía lo que vendría a continuación: la historia de cómo una vez Gabriela puso lo que a ella le parecía un estofado de pollo en frente de Pablo, y cuando él levantó la tapa, ¡salió volando un pollo vivo!

¿Seguro que todos conocían la historia? La habían contado tantas veces en estas reuniones familiares. —¡Vamos, cuéntanos, Pablo! —Alguien gritó, y, como era de esperar, Pablo volvió a contarla.

Mientras Manuel escuchaba a medias la historia que prácticamente sabía de memoria, comenzó a pensar acerca de lo que Vicente había dicho, ¿era esto genial? Bueno, era bastante gracioso, y todos se reían. Luego Manuel se dio cuenta de que había cosas que aún desconocía de esa historia, aunque la había escuchado muchas veces antes.

—¿De dónde salió el pollo? —Manuel preguntó, a medida que las risas paraban.

—De nuestra vecina Sofía —dijo Gabriela—, ¡ella tiene muchos pollos!

—¡Uy, sí! —exclamó la mamá de Manuel—, ¡papá siempre se los quería comer!

Hubo más risas.

—¿Así que el abuelo aún estaba vivo? —preguntó Manuel.

—Fue poco después de la muerte de tu abuelo —dijo la abuela—, pero le habría gustado el chiste. Hubo un murmullo de aceptación, y luego Pablo empezó a contar la historia de la bolsa de gusanos y de cómo se había vengado de Gabriela.

La abuela fue a sentarse al lado de Manuel.

—Es bueno escuchar que preguntas por tu abuelo —dijo—, te pareces mucho a él. Un día de estos te mostraré algunas fotografías que no has visto.

Manuel se dio cuenta de que eso le gustaría.

AHORA COMPRUEBA

¿Por qué estaba Manuel más interesado en las viejas historias esta vez?

Capítulo 3

El panorama general

Pocos días después de la reunión, Manuel llamó a la abuela, pues no había dejado de pensar en las fotografías que ella había prometido mostrarle. Quería realmente verlas, y quería que Vicente también las viera. Si Vicente no hubiera comentado que las reuniones familiares son geniales, tal vez nada de esto estaría ocurriendo.

—¿Te va bien si paso a verte esta tarde, abuela? —preguntó Manuel.

—¡Claro, Manuel, ven cuando quieras! —dijo ella.

—¿Puedo ir con mi amigo Vicente? Tú ya lo conoces —Manuel no tuvo que explicar nada más.

—Sí, me acuerdo de Vicente, es el que tiene el pelo muy corto —interrumpió ella—. Espero verlos a ambos, buscaré esas fotografías viejas. ¡Hasta pronto!

Luego Manuel llamó a Vicente.

—¿Aún quieres venir conmigo a casa de mi abuela? —preguntó—. La abuela dijo que le va bien y mamá nos puede dejar de camino a la tienda.

—Déjame preguntarle a mamá, aunque estoy seguro de que sí —contestó Vicente. Y cuando regresó al teléfono añadió—. ¡Voy para allá!

Mamá se alegró de llevar a Manuel y Vicente a casa de la abuela.

—Los recogeré en una o dos horas —dijo—. Por favor, dile a la abuela que la veré entonces.

—Seguro, mamá. Hasta pronto.

Manuel y Vicente bajaron del carro. La abuela salió al porche y saludó con la mano mientras su hija se alejaba.

—Entren —les dijo a los niños—, tengo jugo de naranja recién preparado y un refrigerio esperándolos. ¡Sé que los niños en crecimiento siempre tienen hambre!

Cuando Manuel y Vicente no quisieron comer ni beber más, la abuela desocupó la mesa y sacó una maleta que había traído de México. Era pequeña, estaba en mal estado y se veía muy vieja. La abuela vaciló antes de abrirla.

—Estas son fotografías especiales, Manuel —dijo ella—, cuando las muestro, es como si presentara a tu abuelo en persona. Es triste que no lo conocieras, pero así son las cosas.

La abuela suspiró, pero luego les sonrió a Manuel y a Vicente mientras abría la maleta mexicana.

La siguiente hora pasó muy rápido, pero vieron todas las fotografías del abuelo de Manuel en épocas diferentes de su vida, desde la infancia, su juventud, hasta la muerte.

Detective del lenguaje **Señala un gentilicio en esta página.**

Con cada fotografía, Manuel hacía preguntas como: "¿Quién es?", "¿cuándo tomaron esta?". La abuela respondía todas las preguntas, y parecía disfrutar cada momento en que contaba a los niños sobre el abuelo de Manuel.

Había una fotografía muy vieja, tomada en un estéril paisaje mexicano. Mostraba un caballo que tenía plumas en su brida, un niño pequeño sentado en la silla, mirando orgulloso a la cámara mientras un hombre y una mujer lo observaban.

La abuela sostenía la fotografía y acariciaba suavemente las plumas en la brida del caballo, imaginando su suavidad.

—Esta es la única fotografía de tus bisabuelos —dijo—. Tu abuelo no se acordaba de lo que ocurrió ese día o de quién era el caballo, solo recordaba estar sentado allí y a sus padres observándolo.

La abuela guardó las fotografías: era hora de regresar al presente. En seguida, Mamá llegó de la tienda con víveres para la abuela, y conversaron mientras guardaban todo. Los niños esperaron en el porche.

—Casi no hablaste —le dijo Manuel a Vicente—. ¿Está todo bien?

—Sí —Vicente le expresó a Manuel una mirada significativa—. Solo pienso que eres afortunado de tener una abuela, muchos familiares y todas esas fotografías viejas.

—¿Tú no tienes esas cosas? —le preguntó Manuel.

—No conocí a mis abuelos —dijo Vicente—, solo tengo una tía que vive en Canadá.

—Bueno, puedes venir a nuestra próxima reunión familiar, si quieres.

Manuel entendió que esas ocasiones son especiales y que vale la pena compartirlas.

AHORA COMPRUEBA

¿Por qué Manuel invitó a Vicente a la próxima reunión familiar?

Respuesta a la lectura

Resumir

Usa detalles importantes de *Cuéntame las historias viejas, viejas* para resumir el cuento. Puedes usar tu organizador gráfico como ayuda.

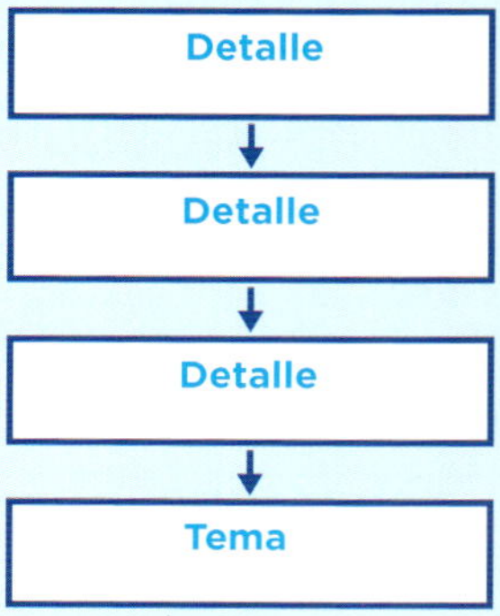

Evidencia en el texto

1. ¿Cómo sabes que este cuento es ficción realista? **GÉNERO**

2. ¿Qué quiere compartir Manuel con Vicente? ¿En qué ayuda a transmitir el tema del cuento el hecho de que Manuel comparta con Vicente las historias y fotos de la familia? **TEMA**

3. En la página 7, ¿qué significa el símil "sentía como si estuviese dentro de una lavadora"? **SÍMIL Y METÁFORA**

4. Escribe sobre lo que es importante para la abuela y cómo lo expresa. ¿Cómo sustenta esto el tema del cuento? **ESCRIBIR SOBRE LA LECTURA**

Género **Poesía**

Compara los textos

Lee acerca de cómo se expresan algunas cosas.

Sonatina

Rubén Darío (poeta nicaragüense)

La princesa está triste... ¿Qué tendrá la princesa?
Los suspiros se escapan de su boca de fresa,
que ha perdido la risa, que ha perdido el color.
La princesa está pálida en su silla de oro,
está mudo el teclado de su clave sonoro,
y en un vaso, olvidada, se desmaya una flor.

¡Ay! La pobre princesa de la boca de rosa,
quiere ser golondrina, quiere ser mariposa,
tener alas ligeras, bajo el cielo volar;
ir al Sol por la escala luminosa de un rayo,
saludar a los lirios con los versos de mayo,
o perderse en el viento sobre el trueno del mar.

Ya no quiere el palacio, ni la rueca de plata,
ni el halcón encantado, ni el bufón escarlata,
ni los cisnes unánimes en el lago de azur.
Y están tristes las flores por la flor de la corte,
los jazmines de Oriente, los nelumbos del Norte,
de Occidente las dalias y las rosas del Sur.

El leopardo

Vicente Gerbasi (poeta venezolano)

El leopardo se refugia en la noche de las grandes hojas
que brillan como fuentes,
hunde en sus huellas escarabajos dormidos,
da vueltas en su furor oscuro
que tiene lumbre en los ojos.

En torno suyo la sombra huele a vegetales de menta,
dispersa luciérnaga entre las lianas.
Los cazadores toman su piel
y la tienden al viento como una constelación.

Haz conexiones

En el poema "Sonatina", ¿qué se expresa? ¿Cómo se expresa? **PREGUNTA ESENCIAL**

¿En qué se parece *Cuéntame las historias viejas, viejas* al poema "El leopardo"? **EL TEXTO Y OTROS TEXTOS**

Enfoque:

Elementos literarios

Aliteración La aliteración es la repetición del mismo sonido consonántico en dos o más palabras cercanas. Con frecuencia, los poetas usan la aliteración para darle musicalidad a las palabras o los versos del poema.

Lee y descubre En "Sonatina", en la página 18, el poeta usa aliteraciones en la segunda estrofa. Lo hace al emplear la palabra "ni" y el sonido *-ón* dos veces en el mismo verso: "ni el halcón encantado, ni el bufón escarlata". La aliteración aporta musicalidad al poema.

Tu turno

Escribe un poema que tenga aliteraciones. Primero, haz una lista de dos o tres personas que conozcas. Luego, escribe uno o dos versos que describan a cada una de las personas. Utiliza palabras que comiencen con el mismo sonido, por ejemplo el nombre de cada persona. Lee los versos en voz alta y haz cambios para que las palabras expresen claramente lo que quieres decir.

Recita el poema a tus compañeros. Expresa las palabras con musicalidad.